Omar Hamdan

Griechenland und der drohende Staatskonkurs

Auswirkung auf die Stabilität der Euro-Währungsunion

GRIN - Verlag für akademische Texte

Der GRIN Verlag mit Sitz in München hat sich seit der Gründung im Jahr 1998 auf die Veröffentlichung akademischer Texte spezialisiert.

Die Verlagswebseite www.grin.com ist für Studenten, Hochschullehrer und andere Akademiker die ideale Plattform, ihre Fachtexte, Studienarbeiten, Abschlussarbeiten oder Dissertationen einem breiten Publikum zu präsentieren.

**Dokument Nr. V155949 aus dem GRIN Verlagsprogramm**

Omar Hamdan

# Griechenland und der drohende Staatskonkurs

**Auswirkung auf die Stabilität der Euro-Währungsunion**
GRIN Verlag

Bibliografische Information der Deutschen Nationalbibliothek: Die Deutsche Bibliothek verzeichnet diese Publikation in der Deutschen Nationalbibliografie; detaillierte bibliografische Daten sind im Internet über http://dnb.d-nb.de/ abrufbar.

1. Auflage 2010
Copyright © 2010 GRIN Verlag
http://www.grin.com/
Druck und Bindung: Books on Demand GmbH, Norderstedt Germany
ISBN 978-3-640-68863-0

Hochschule Bochum
Bochum University
of Applied Sciences  BO

Seminararbeit (SS2010)

# Griechenland und der drohende Staatskonkurs

## Auswirkung auf die Stabilität der Euro-Währungsunion

Währungssysteme und Finanzinstitutionen

Omar Hamdan

Abgabetermin: 10.05.2010

# Inhaltsverzeichnis

# Abbildungsverzeichnis

# Tabellenverzeichnis

# 1 Einleitung

Griechenland ist ein Land, das zwischen Vergangenheit und Gegenwart seine Zukunft sucht. Die Ereignisse der letzten Monate haben viele Diskussionen hervorgerufen, diese stellten das Konzept auf dem die Europäische Union beruht, also die Währungsunion und die Überwachungsinstanzen der EU, in Frage. Außerdem wurden Diskussionen betreffend der Ursachen der Krise und der aus der Krise führenden Wege laut. Hierbei wurden verschiedene Rettungsmaßnahmen von Politikern, Wissenschaftlern und Führungsspitzen vorgeschlagen.

Diese Seminararbeit ist so aufgebaut, dass sie die Ursachen der Krise darstellt. Danach wird auf die Bemühungen der griechischen Regierung eingegangen, die die miserable finanzielle Situation des Landes durch beispielsweise komplexe Finanzinstrumente vertuschen wollte. Diese konnten allerdings mit der Zuspitzung der Finanzkrise nicht mehr verheimlicht werden. Zugleich unterlag das Land einem Imageproblem auf den Finanzmärkten. Schulden, Korruptionen und ein Leben über die Verhältnisse führten das Land anschließend ins Chaos. Die entstandene griechische Krise beeinflusste nicht nur Griechenland, sondern zeitgleich auch die gesamte europäische Währungsunion. Die Auswirkung der griechischen Krise auf die Euro-Gemeinschaft ist sowohl negativ als auch in einiger Hinsicht positiv zu werten. Die negative Seite der Krise ist ein immenser Schaden für die europäische Gemeinschaft und deren Reputation in der Welt. Daher bemühte sich die Gemeinschaft den Griechen unter die Arme zu greifen, um mit Hilfe verschiedener Hilfspakete die Krise einzudämmen.

Ziel dieser Seminararbeit ist es, eine kompakte Sicht auf die griechische Krise zu vermitteln, wodurch ein Blick auf die Ursache der griechischen Finanzkrise ermöglicht werden

soll. Dabei sollen deren Auswirkungen auf die EURO-Währungsunion und die Rettungs-
möglichkeiten aufgezeigt werden.

## 2   Rückblick: EWU-Beitritt und die Konvergenz im Griechenland

Der Eintritt in die EWU ist nach der Erfüllung der Konvergenzbedingungen möglich, diese
sind in dem Maastrichter Vertrag von 1991 festgelegt. Griechenland war 2001 das zwölfte
Land, das der Gemeinschaft beitrat. Auf Grund der instabilen wirtschaftlichen Entwicklung
des Landes zu jener Zeit war der Beitritt Griechenlands in die europäische Währungsunion
umstritten. Griechenland musste in den Achtzigern mit hohen Inflationsraten, hohen
Haushaltsdefiziten, Schulden und mit mangelhafter Preisstabilität kämpfen. In den neun-
ziger Jahren zeichnete Griechenland eine hervorragende wirtschaftliche Entwicklung aus.
Darauf basierend erfüllten die Griechen zweimal hintereinander die Konvergenzkriterien
und sicherten sich somit ihre Eintrittskarte in die europäische Währungsunion. Im Nachhinein waren die Zahlen, wodurch das Land seinen Beitritt sicherte, statistisch geschönte
Daten.[1] Die Zahlen sind in der folgenden Tabelle dargestellt:

Tab. 1: Der griechische Konvergenzplan, (1998- 2001).

|  | 1998 | 1999 | 2000 | 2001 |
|---|---|---|---|---|
| BIP real, in % | 3,5 | 3,7 | 3,9 | 4,5 |
| Leistungsbilanz in % BIP | 2,7 | 2,7 | 2,6 | 2,5 |
| Budgetdefizit in % BIP | 2,4 | 2,1 | 1,7 | 0,8 |
| Öffentliches Defizit in % BIP | 107,8 | 105,8 | 102,5 | 99,8 |
| Verbraucherpreise | 4,5 | 2,5 | 1,9 | 1,7 |
| Durchschn. Rendite, 12 Mon. Schatzbriefe | 9,5 | 7,5 | 6,5 | 5,5 |

Quelle: Ministerium für Nationalökonomie, Griechenland 1998, in: Kazakos, P. (2000), S. 28.

Dies kann als erstes Signal in der Geschichte der griechischen Krise bewertet werden. Es
wurde damals ein verstärkter Policy-Mix betrieben und langfristige strukturierte Reformen
wurden vernachlässigt. Diese Einstellung sicherte zwar eine Belebung der griechischen

---

[1] Vgl. Neuhaus, N. (2010).

Wirtschaft, dennoch hatte diese eine kurzfristige Lebensdauer. Durch die Aufwertung der Landeswährung Drachme, Preisabsprache mit Unternehmen und gezielte Inflationsziele, konnte die Regierung einen bemerkenswerten Erfolg bei der Reduzierung der Haushaltdefizite erreichen. Dies wurde im Nachhinein durch Erhöhung der Steuereinnahmen und eine künstliche Verminderung der Zinssätze verstärkt. Dennoch belasteten diese Instrumente die Wettbewerbsfähigkeit der griechischen Wirtschaft und brachten viele Unternehmen und ganze Industriezweige in Schwierigkeiten. Dadurch war die Regierung gezwungen eine Feuerwehr-Funktion zu übernehmen.[2] Infolgedessen erließ sie ganzen Unternehmen ohne Auflagen ihre Schulden und somit entwickelte sich eine ineffektive Wirtschaftsstruktur. Außerdem wurde die Ausgabenseite des Staates mit Ausnahme der Zinsenausgaben vernachlässigt. Die Ausgaben für Löhne und Gehälter konnten beispielsweise nicht effizienter gestaltet werden, da diese auf Widerstände von Gewerkschaften stießen.[3] Zusammenfassend konnte es durch die Anhäufung der bereits beschriebenen Probleme und Entwicklungen nicht mehr lange dauern, bis es zu einem Zusammenbruch der Finanzen in Griechenland kommen würde.

## 3  Die Finanzkrise und ihre Auswirkung auf Griechenland

Die Griechen nahmen an, dass sie die Finanzkrise ohne Schaden überstanden hätten. Doch die schlechte Lage der Konjunktur, die im Nachhinein die meisten Länder getroffen hat, deckte die Strukturschwäche der griechischen Volkswirtschaft auf. Tourismus und Handelsschifffahrt - die wichtigsten Wirtschaftszweige des Landes - Unterlagen den Folgen der Finanzkrise und die griechische reale Wirtschaft litt dadurch unter einem massiven Einbruch. Dieser drückte daraufhin die griechische Leistungsbilanz weiter ins Minus. Die Griechen verzeichneten 2009 ohnehin mit einem Fehlbetrag von 14 Prozent des Bruttoinlandsprodukts die höchsten Leistungsbilanzdefizite in der Euro-Zone.[4] Dabei waren nicht

---

[2] Vgl. Kazakos, P. (2000), S. 25.
[3] Vgl. ebenda, S. 10 ff.
[4] Vgl. Höhler, G. (2009).

nur die Leistungsbilanzdefizite kritisch zu betrachten, ebenfalls gab es bei dem Haushalts-
plan von 2009 Schwierigkeiten. Dennoch prognostizierten die Griechen ein hohes Wachs-
tum der Wirtschaftsleistung im Vergleich zu anderen europäischen Ländern. Diese wurden
anschließend von der EU-Kommission von 2,7 Prozent - griechische Angaben- auf 0,2 Prozent korrigiert bzw. prognostiziert. Dadurch dürften die Steuereinnahmen niedriger ausfal-
len, als die Regierung sich vorstellte. Die Griechen schätzten den Anstieg des Steuerauf-
kommens um 13 Prozent, was von vielen Volkswirten als unrealistisch angesehen wurde.[5]
Diese unrealistische Aufstellung der griechischen Regierung und die statistisch geschönten
Zahlen verursachten auf den Finanzmärkten Misstrauen gegenüber den griechischen Anleihen bzw. deren Position gegenüber ihren Anlegern.

## 3.1 Die Schuldenkrise in Griechenland

Der griechische Staat hat im Verlauf der Jahre über seine Verhältnisse gelebt. Ein marodes
Sozialsystem, Bürokratie, hohe Ausgaben und eine blühende Schattenwirtschaft zeichnen
das Land Griechenland. Diese Haltung war mit hohen Kosten verbunden. Dagegen konnten die schwache Volkswirtschaft in Griechenland und die starke negative Leistungsbilanz
die steigenden Ausgaben und die finanziellen Belastungen nicht mehr abdecken, somit
war dies nur durch Kredite zu finanzieren. Das Land musste dadurch über 300 Milliarden
US Dollar Schulden bei ausländischen Gläubigern bzw. im Finanzmarkt in der Form von
Anleihen bedienen.[6] Die Zinsen sollten dementsprechend bezahlt werden, folglich war die
griechische Regierung immer wieder gezwungen sich mit frischem Geld von Investoren zu
versorgen. Insofern emittiert der Staat neue Anleihen, um die Schulden zu bezahlen. Dennoch müsste Griechenland höhere Zinsen bezahlen, damit die Investoren investieren und
die griechischen Anleihen kaufen. Das entstandene Misstrauen in den Finanzmärkten
spiegelte sich auch bei der Entwicklung der Zinsen und beim Verhalten der Anleger wider.

---

[5] Vgl. ebenda, (2009).
[6] Vgl. Marschall, B. (2010), S. A5.

Diese Entwicklung ist eher mit einem Kreislauf zu vergleichen, der zum Verhängnis werden
könnte, wie es in Griechenland nun der Fall ist:

Abb. 1: Griechenland, Schuldenentwicklung.

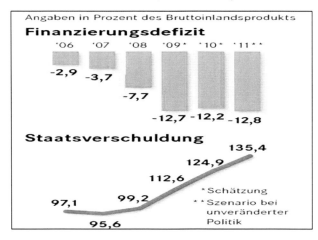

Quelle: EU-Kommission, (2010), in: Spiegel-Online.

### 3.1.1  Schuldenmanipulation

Seit Griechenland der Euro-Währungsunion 2001 beigetreten ist, hat sie das EU-
Stabilitätspaket nicht einhalten können.[7] Stattdessen blieben die griechischen Schulden
durch statistisch geschönte Zahlen und Fehlbeträge verborgen. Hierbei stellt sich die Über-
legung, wie Griechenland das über die Jahre verbergen konnte und wie dem Land ur-
sprünglich der Zutritt zu der Euro-Währungsunion bewilligt wurde. Ein wichtiges Instrument war die Verschleierung der Schulden mit der Unterstützung von US-Banken. Gold-
man Sachs und andere sollen Griechenland zu dieser Zeit Kredite zur Verfügung gestellt
haben, dennoch wurden diese Kredite als Devisengeschäfte abgebucht und sind dadurch
nicht als Schulden in den Haushaltsbüchern aufgeführt. Ein solches Instrument wurde im

---

[7] Vgl. Höhler, G. (2010), S. 30 f.

Jahre 2009 nochmal vorgeschlagen, um die starke Verschuldung Griechenlands zu verschleiern. Dies wurde anschließend von der Regierung abgelehnt. [8]

### 3.1.2 Vertrauensverlust und die Kreditwürdigkeit

Griechenland verlor innerhalb die letzten Monate stark an seiner Kreditwürdigkeit. Die Anleger bestraften die griechische Zahlenmanipulation, die schwache Wirtschaftsstruktur und den hohen Schuldengrad in Griechenland mit mangelndem Vertrauen gegenüber deren Anleihen. Dieser Vertrauensverlust und somit die sinkende Kreditwürdigkeit die Griechenland erlebte, ist auch von den großen Rating-Agenturen abhängig. Durch die Abstufung auf BBB- stiegen die Zinsen auf ein sehr hohes Niveau, damit sind griechische Anleihen beispielsweise bei der Ratingagentur Fitch nur noch Stufen höher als der Junk Bunds. [9] Somit ist das Geldbeschaffen noch teurer geworden. Griechenland muss zum Beispiel für die Kredite bei Anleihen mit einer Laufzeit von zwei Jahren 7,46 Prozent und von zehn Jahren 7,39 Prozent erbringen. Diese liegen im Vergleich zu Deutschland, das für Anleihen mit einer Laufzeit von zwei Jahren 0,94 Prozent und für Anleihen mit einer Laufzeit von zehn Jahren 3,12 Prozent Zinsen erbringen muss, auf einem sehr hohen Wert. [10] Die Steigerung der Zinslasten für griechische Anleihen steigert das Schuldendilemma weiter und bringt das Land an den Rand seiner Existenz. Die kontinuierliche Steigerung der Zinsen ist in dieser Hinsicht ein Vertrauensverlust gegenüber den griechischen Anleihen.

Das griechische Schuldendilemma kann durch das folgende Beispiel dargestellt werden. Ein Staat platziert eine Anleihe zum Stückpreis von 1000 Euro mit einem festen Zinssatz von beispielsweise 5 Prozent auf den Ausgabepreis. Insofern erhält der Anleger 50 Euro Zinsen. Das Vertrauen, dass der Staat seine Schulden zurückzahlt, verschwindet auf Grund von Spekulationen. Anleger verkaufen auf dieser Basis die Anleihen- beispielsweise für 900 Euro. Der Käufer erhält dennoch 50 Euro Zinsen, das entspricht bezogen auf den

---

[8] Vgl. Müller, S. (2010).
[9] Vgl. Höning, A.(2010), S. B1.
[10] Vgl. ebenda, (2010).

Kaufpreis, einer laufenden Rendite von 5,6 Prozent. Dazu erhält der Anleger am Ende der Laufzeit je 1000 Euro zurück, was die Rendite nach einer komplizierten Formel noch weiter erhöht- bei einer Laufzeit von 3 Jahren beispielsweise auf 9 Prozent. Der Staat muss auf dieser Basis, wenn er neue Schulden macht, mindestens 9 Prozent bieten. Sonst würde es sich für Investoren eher lohnen, die alten bzw. umlaufenden Anleihen zu kaufen.[11] Dieser Effekt wird zudem von den internationalen Spekulanten an den Finanzmärkten, die gegen Griechenland spekulieren bzw. durch den Markt von Credit Defaults Swap, verstärkt.

## 3.2 Drohender Staatskonkurs durch komplexe Finanzinstrumente

Credit Defaults Swap funktionieren im Kern wie eine Versicherung gegen Kreditrisiken. In diesem Zusammenhang sichern sich die Anleger gegen das Ausfallrisiko der griechischen Anleihen ab. Sollte Griechenland seine Schulden nicht mehr zahlen können, würden die Versicherungen dann zur Verfügung stehen und somit profitieren die Anleger, die sich auf diese Weise abgesichert haben. Dementsprechend ist dies als Feuerschutzversicherung für den Nachbarn zu betrachten. Je mehr Menschen sich daher gegen das Ausfallrisiko absichern, desto größer erscheint das Risiko für die Käufer von neuen Staatsanleihen.[12] Dies führte dann zu Spekulationen über Griechenlands Zahlungsfähigkeit, wodurch sich die griechische Situation auf den Finanzmärkten verschärfte. Das führt nebenbei dazu, dass die Beschaffung von neuem Geld schwieriger wird. Außerdem spiegelt sich das bei den Bewegungen der Zinsen wider.

Ein zweites Finanzinstrument, das den Griechen Schwierigkeit bereitet, sind die Leerverkäufe.[13] Diese funktioniert gleichermaßen wie bei gewöhnlichen Aktien. Anleger verkaufen die Staatsanleihen, obwohl sie nicht die Eigentümer der Anleihen sind. Sie müssen sich

---

[11] Vgl. Der Spiegel (Hrsg.) (2010).
[12] Vgl. Schülbe, D. (2010).
[13] Vgl. boerse ARD (Hrsg.) (2010).

lediglich verpflichten die Anleihe zu einem vereinbarten Zeitpunkt und zu einem verein-barten Preis zurückzukaufen. Die Käufer spekulieren bei solchen Verkäufen auf fallende Preise, in der Hoffnung zu dem vereinbarten Zeitpunkt weniger bezahlen zu müssen. Aus der Differenz werden Gewinne erzielt. Daher verursachen Leerverkäufe einen Spekulati-onseffekt bei den Anlegern, womit die Preise der Kurse fallen. Diese Instrumente verbun-den mit Erwartungen der Teilnehmer haben wiederum eine Auswirkung auf die gesamten Kursverläufe bzw. den Finanzmarkt.

### 3.3 Auswirkung der griechischen Schuldenkrise auf die EU-Stabilität

Griechenland macht zwar nur ca. 2.5 Prozent des Bruttoinlandprodukts im Euroraum aus,[14] dennoch hatte die griechische Krise Einfluss auf die gesamte Euro-Stabilität. Die Auswirkung ist nicht nur in den Finanzmärkten zu beobachten, vielmehr verleiht die grie-chische Finanzkrise der Währungsunion eine neue Dimension. Die Krise hat es deutlich dargestellt, dass in dem Euro-Raum die Überwachungsinstanzen nicht effektiv funktionie-ren können. Außerdem deckte die Krise die Schwachstellen der Euro-Währungsunion auf. Diese sind eine fehlende Koordination unter den Euro-Ländern und ein Mangel an nötigen Sanktionen gegenüber den verschuldeten Staaten. Die EU-Kommission kann bisher als schärfste Sanktion Geldstrafen verhängen, dies gilt im Fall Griechenland als eine ungeeig-nete Maßnahme. Transparenz bei Statistikbehörden und ihre Unabhängigkeit von der Poli-tik sollten außerdem gewährt werden, um Zahlenmanipulation zu vermeiden und schnell auf Probleme reagieren zu können.

Ein weiteres Problem, das gelöst werden muss, betrifft die Finanzhilfe für verschuldete Staaten. Die EU-Mitgliedsstaaten haben bislang keine befriedigenden Instrumente, um legal einzuschreiten. Die No-Bail-Out-Klausel setzt in den europäischen Verträgen fest, dass ein Euro-Land nicht für Verbindlichkeiten und Schulden anderer Euro-Länder haften

---

[14] Vgl. Focus-Online (Hrsg.) (2010).

oder aufkommen darf.[15] Diese Klausel beschränkte im Nachhinein die Handlungsspielräume der Euro-Länder beispielsweise bei der Erstellung einer Finanzhilfe. Auf der anderen
Seite ist eine Finanzhilfe gegen das Prinzip der Euro-Währungsunion. Neben Griechenland
sind es diverse Euro-Länder, die unter finanziellen Problemen leiden. Eine finanzielle Hilfe
für alle Länder würde das Ende eines Traums von einer gemeinsamen Währung bedeuten,
außerdem könnten die Euro-Länder den gesamten europäischen Schulden nicht nach-
kommen. Die Stabilität und das Wachstumspaket, die durch den Maastrichter Vertrag
festgelegt wurden und somit als Kern der Euro-Währungsunion gelten, sollten überarbei-
tet werden, damit Veränderungen und Ergänzungen vorgenommen werden können.[16]

### 3.3.1 Drohender Domino- Effekt innerhalb des Euroraums

Die griechische Finanzkrise, der Vertrauensverlust und die Zögerung der Politik bei der
Suche nach der passenden Lösung führten zu einer starken Reaktion auf den Finanzmärkten. Diese Reaktionen und die Aktivtäten der Spekulanten im Finanzmarkt bringen andere
schwache Mitglieder des Euro-Raums, die hochverschuldet sind, in enorme Schwierigkeiten.


Die Spekulationen auf den Finanzmärkten, dass Griechenland Konkurs anmeldet, verursachten außerdem eine starke negative Auswirkung auf die hochverschuldeten Staaten.
Außerdem haben Ratingagenturen ein starkes Machtwort, wodurch sie die Märkt aus dem
Gleichgewicht bringen können. Dies ist am Beispiel Portugals zu beobachten, wo die Ratingagenturen die Bonitätsfähigkeit des Staates herabstuften. Demzufolge stiegen die
Spekulationen und die Zinsen auf portugiesische Anleihen. Dieser Anstieg beschleunigte
die Sorgenspirale der Finanzmärkte und könnte sich schnell zu einer neuen Krise in dem

---

[15] Vgl. EU-Direkt (Hrsg.) (2010).
[16] Vgl. Otten, C. (2010), S. 2.

Euro-Raum entwickeln.[17] Insofern kann ein solches Szenario einen Dominoeffekt innerhalb des Euro-Raums erzeugen, womit der Euro-Raum dann ins Chaos stürzen könnte:

Abb. 2: Die Eurowackelkandidaten.

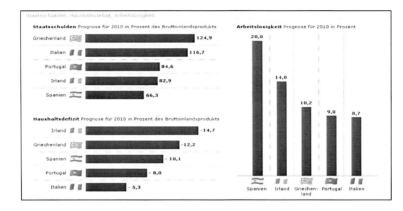

Quelle: EU-Kommission, (2010), in: Spiegel-Online.

### 3.3.2 Auswirkung der Krise auf den Euro-Wechselkurs

Die Reaktionen auf den Finanzmärkten und die Spekulationen über andere hochverschuldete Länder bringen, wie schon vorher erwähnt wurde, die Euro-Stabilität aus dem Gleichgewicht. Dies verursacht gleichzeitig einen hohen Druck auf den Euro-Wechselkurs. Durch die Herabstufung von Portugal notiert der Euro in Relation zum US-Dollar einer der niedrigsten Werte seit etwa einem Jahr.[18] Dennoch hat der Tiefstand des Euro-Wechselkurses im Nachhinein einen wirksamen positiven Effekt für den Außenhandel in der Eurozone.[19] Dadurch werden die Exporte aufgrund des billigen Euros steigen und somit ist es als ein positiver Nebeneffekt für die Volkswirtschaft der Eurozone zu betrachten. Allerdings besteht die Gefahr mit stark fallendem Euro-Wechselkurs, dass die Länder sich von dem Euro abwenden und dieser somit die Stellung gegenüber dem US-Dollar verliert. Jedenfalls ist das eine spekulative Aussage, die schwer abzuschätzen ist.

---

[17] Vgl. Schultz, S. (2010).
[18] Vgl. Die Zeit (Hrsg.) (2010 ).
[19] Vgl. Mechnich, M. (2010).

# 4  Handlungsspielräume

Die Komplexität der griechischen Krise und die Einschränkung durch den Euro-Stabilitätspakt gestaltet die Suche nach einer geeigneten Lösung schwierig. Die verschiedenen entwickelten europäischen Szenarien genügen, ohne die eigene Initiative der Griechen, nicht zu Lösung der griechischen Finanzprobleme. Die wirtschaftliche Infrastruktur der Griechen ist im Vergleich zu anderen europäischen Länder unterentwickelt, wodurch sie es nicht mit eigener Kraft schaffen können. Außerdem ist die makroökonomische Struktur in dem Land auf Grund der Krise instabiler geworden. Dieses Kapitel untersucht die Voraussetzungen und allgemeine Anforderungen an die griechische Regierung, um die Einsetzung der europäischen Hilfspakete zu aktivieren. Außerdem wirft es einen Blick auf mögliche Szenarien und deren Einsetzbarkeit in der Praxis.

## 4.1  Makroökonomische Stabilität durch wesentliche Reformen

Griechenland könnte seine Finanzkrise beispielsweise durch die Abwertung der Währung konsolidieren, dennoch ist das im Fall Griechenland nicht möglich, da das Land ein Mitglied der Euro-Währungsunion ist. Daher ist eine Abwertung nur durch die gesamte Währungsunion machbar. Daher verfügt Griechenland nicht über dieser Möglichkeit, um die makroökonomische Lage einigermaßen zu stabilisieren. Insofern erhält das Land die Stabilität durch Eingriffe in der Infrastruktur des Landes. Das Reformieren der gesamten Wirtschaftstruktur in dem Land wird als notwendig betrachtet, wodurch die Griechen konkurrenzfähig für den globalen Handel werden sollten. Außerdem besteht die Notwendigkeit das Finanzsystem und den öffentlichen Dienst zu reformieren. Die Bekämpfung der Schattenwirtschaft ist für die Griechen von Belang, um die Staatseinnahmen und die Konkurrenzfähigkeit im Verglich zu anderen Binnenmärkten der Euro-Länder sicherzustellen. Die gesamte Veränderung in der Struktur benötigt die Bereitschaft der griechischen Gesellschaft, um die Umstrukturierung und Sparmaßnahmen erfolgreich durchzusetzen. Denn derartige Sparmaßnahmen führen zu einem Wohlstandverlust in der Gesellschaft und so-

mit zu Unzufriedenheit der Menschen. Demzufolge verursachen diese Veränderungen soziale Unruhen. Jedenfalls ist die griechische Regierung verpflichtet solche Sparmaßnahmen und Umstrukturierungen durchzuführen, da es zunächst die einzige Möglichkeit ist, die Schulden in den Griff zu bekommen und zweitens gilt das als Voraussetzung einer europäischen Unterstützung.

## 4.2  Die europäische Union und die No-Bail-Out-Klausel

Die Politiker in Europa sprechen sich für eine Unterstützung Griechenlands aus, um die Stabilität sowohl in dem Euroraum als auch in den Finanzmärkten zu sichern. Es wird schon seit der Erschütterung der Märkte durch die Krise in Griechenland diskutiert, wie die Hilfe seitens der anderen Mitglieder aussehen könnte. Die Handlungsspielräume der europäischen Gemeinschaft sind in solchen Situationen durch die No-Bail-Out-Klausel eingeschränkt. Außerdem verfügt die europäische Währungsgemeinschaft über keine vernünftigen Instrumente, die in diesem Fall eingesetzt werden könnten. Auf Basis dieser Ausgangslage wird nach Lösungswegen gesucht. Bislang  lassen sich folgende Lösungswege benennen:[20]

➢ Die EU auf der Seite der Internationalen Währungsfonds unterstützt die Griechen mit mehreren Milliarden Euro. In dieser Zeit soll sich die griechische Regierung radikalen Reformen unterziehen, um die gewaltigen Schulden abbauen zu können.

➢ Zweitens: Griechenlands Haushalt soll einem Hair-Cut unterzogen werden. Das heißt ein Teil der Staatsschulden wird zu Lasten der Gläubiger aus den Büchern gestrichen.

➢ Letzte Möglichkeit ist, dass Griechenland aus der Euro-Währungsunion austritt, die Drachme wieder einführt und die eigene Währung abwertet, um weitere Schäden für die Gemeinschaftswährung zu vermeiden. Dennoch ist das letzte Szenario nicht gut einzuschätzen, dadurch wird ein Auseinanderbrechen der Euro-Zone riskiert und somit

---

[20] Schultz, S. (2010).

das Scheitern des Euro. Dennoch sehen viele Ökonomen diese Möglichkeit als den zur-zeit besten Ausweg.

### 4.2.1 Ausschluss aus dem EURO-Raum

Den Austritt Griechenlands aus der Euro-Währungsunion betrachten Ökonomen als den besten Ausweg, um die Schäden für die Währungsunion zu vermindern. Außerdem könnte Griechenland mit der Wiedereinführung von Drachmen die Währung abwerten und somit einigermaßen die Stabilität wiederherstellen. Dennoch ist dieser Weg mit dem Maastricht-Vertrag nicht machbar, weil der Vertrag keine Austrittsklausel enthält, daher müsste der Vertrag auf dieser Basis ergänzt werden.[21] Ein Austritt ist ebenso mit negativen Auswir-kungen für die europäische Währungsunion verbunden, da es höhere Spekulationen ge-gen die anderen finanziell schwachen Mitglieder hervorrufen könnte und somit das Zu-sammenbrechen der Währungsunion einleiten würde. Zu guter Letzt wird die Wiederein-führung der Drachme einen hohen Verlust für die Banken darstellen, die Griechenland Geld geliehen haben, wodurch auf die Banken enorme Abschreibungen zukämen. Grie-chenland konnte allerdings von einem Ausstieg selber profitieren.[22] Durch die Einführung der Drachme und ihrer Abwertung könnte Griechenland höhere Inflationsraten erzeugen, womit diese den wichtigen Wirtschaftszweigen des Landes- beispielsweise dem Touris-mus- einen Aufschwung geben könnte. Außerdem könnte das Land seine Wettbewerbsfä-higkeit verstärken, denn Griechenland ist mit dem Euro fast überfordert und somit verlor das Land seit der Euro-Einführung einen höheren Marktanteil im Vergleich zu anderen Ländern. Daher ist dieser Weg an sich umstritten und lässt viel Raum zum Diskutieren. Wissenschaftlich gesehen ist ein Ausschluss Griechenlands denkbar, doch ob es in der Pra-xis umsetzbar ist, bleibt fraglich. Der Maastrichter Vertrag sieht allerdings keine Austritts-möglichkeit vor und somit bliebe Griechenland ein Mitglied der Europäischen Währungs-union. Die Suche nach einem neuen Instrument wäre bezüglich der Krise wichtiger, um zukünftig schnell bei solchen Szenarien eingreifen zu können. Eine Möglichkeit wäre die

---

[21] Vgl. Dittmer, D. (2010).
[22] Vgl. Mechnich, M. (2010).

Gründung eines europäischen Währungsfonds nach dem Muster des Internationalen Währungsfonds.

### 4.2.2 Europäische Währungsfonds

Ein europäischer Währungsfonds ist eine Idee der Deutschen Bank, die vom deutschen Bundesfinanzminister in der politischen Diskussion vertreten wird.[23] Diese neue Institution soll in der Zukunft den Ländern helfen, die in Schwierigkeiten geraten. In dieser Hinsicht soll er nach dem Bild des Internationalen Währungsfonds aufgebaut werden und von den Euro-Staaten finanziert werden.[24] Im Nachhinein könnte der europäische Währungsfonds als das fehlende Instrument für die Unterstützung schwacher Mitglieder der Eurozone angewendet werden. Dennoch würde es lange Zeit dauern bis der Aufbau- und die Ablaufstruktur einer solchen Institution von der EU-Kommission festgelegt und von allen Mitgliedern ratifiziert werden würde. Demzufolge wäre das keine Lösung für die Krise in Griechenland, dennoch ist es für die Zukunft Europas von Nutzen. Auf der anderen Seite wird die Gründung eines Fonds von Währungshütern als ein Verstoß gegen die Stabilitätsordnung angesehen und somit gäbe es eine Gefahr für das Fundament der Währungsunion.[25] Insofern ist die Idee einen Fonds zu gründen für die Zukunft der Währungsunion wichtig, gleichwohl beschränkt der Maastrichter Vertrag die Handlungsspielräume der Politik. Darauf basierend sollte der Vertrag bearbeitet bzw. ergänzt werden, um solche Risiken in der Zukunft zu vermeiden.

## 4.3 Internationale Währungsfonds mit europäischen Finanzhilfen

Die europäische Union könnte den Griechen mit Geld helfen oder Griechenland von der Währungsunion ausschließen, dadurch ist das Ziel von einer gemeinsamen Währung gefährdet. Insofern erweist sich die erste Möglichkeit aus politischer Hinsicht als die beste Lösung. Dennoch wären Finanzhilfen von Seiten der Mitglieder der Währungsunion ein

---

[23] Vgl. Hank, R. (.2010).
[24] Vgl. Euractiv (Hrsg.) (2010).
[25] Vgl. Ettel, A. / Schiltz, C. (2010).

Verstoß gegen die Stabilitätsordnung und somit versucht die Gemeinschaft ihre Unterstützung mit bestimmten Bedingungen zu verknüpfen, damit die finanzielle Unterstützung rechtlich nicht gegen den Maastrichter Vertrag verstößt. Die europäische Unterstützung soll mit einer Hilfe des Internationale Währungsfonds verknüpft werden. Die Griechen können in dieser Hinsicht die finanzielle Unterstützung nur im Paket aktivieren. Außerdem gilt die Vorstellung eines Plans für die Sanierung des griechischen Haushalts als eine Grundvoraussetzung um die Hilfe in Anspruch zu nehmen. Ein weiterer grundlegender Gedanke ist, dass die europäische finanzielle Unterstützung als Kredit mit drei Jahren Laufzeit vergeben wird und die Zinsen höher sein sollten als die des Internationalen Währungsfonds. [26] Anbei ist zu beachten, dass die Finanzhilfe auf die Gemeinschaftmitglieder nach deren volkswirtschaftlicher Stärke verteilt wird. Die Regelung wer Kreditgeber ist, ist den Staaten selbst überlassen. In Deutschland kommt beispielsweise die staatliche Förderbank Kreditanstalt für den Wiederaufbau in Frage, wodurch der Bund der Kredite garantiert wird.[27] Dennoch stellt sich die Frage was die anderen europäischen Länder machen können, da die meisten nicht über ähnliche Instrumente verfügen.

# 5 Fazit

Die Krise in Griechenland deckte die schwachen Stellen bei der Konstruktion der Währungsunion auf. Insofern ist ein Reformieren des Fundaments der Währungsunion nötig, um die Mängel aufzuheben und ähnliche Szenarien in Zukunft zu vermeiden, denn Griechenland wird nicht der Letzte sein. Für die Griechen wird ein Plan trotz der Verzögerung der Politik schnell entwickelt werden, da es ansonsten zu spät wird, dem Land mit gewöhnlichen Instrumenten zu helfen. Jedenfalls ist die Lage noch kritisch zu betrachten, da andere schwachen Mitglieder der Eurozone zurzeit wackeln. Insofern ist es wichtig die Erneuerungen in der gesamten Währungsunion zu etablieren. Langfristige Instrumente, die das Vertrauen der Länder und Anleger in der Währung nicht beeinflussen, sind gefragt.

---

[26] Vgl. Marschall, F. (2010), S. A7.
[27] Vgl. Ingenrieth, A. / Marschall, B. (2010), S. B3.

# Literaturverzeichnis

## *Zeitung und Zeitschriften:*

*Höning, A.:* EU bereitet Nothilfe für Athen vor, in: Rheinische Post, Samstag, 10, April, 2010, S. B1.

*Höhler, G.:* Am Steuer der Titanic, in: Die Wirtschaftswoche, Nr., 008, Heft vom 22.02.2010, S. 30-31.

*Ingenrieth, A./ Marschall, B.:* Teure Hilfe für Griechenland, in: Rheinische Post, Dienstag, 13, April, 2010, S. B3.

*Marschall, B.:* EU bittet Athen 30 Milliarden, in: Rheinische Post, Montag, 12, April, 2010, S. A7.

*Marschall, B.:* Griechische Krise trifft deutsche Firmen, in: Rheinische Post, Freitag, 12, Februar, 2010, S. A5.

## *Internet und Sonstige Veröffentlichung:*

*Boerse ARD-Online (Hrsg.):* Wie spekuliert man gegen Griechenland, in: boerse ARD-Online, (12.02.2010).

[www.boerse.ard.de/druck.jsp?key=dokument_413816], Abgerufen, 15.02.2010.


*Die Zeit-Online (Hrsg.):* Devisen, Herabstufungen Portugals und Griechenlands drücken Euro-Kurs, in: Die Zeit-Online, (27.04.2010).

[http://www.zeit.de/newsticker/2010/4/27/afx-iwi-20100427-031124655428xml], Abgerufen, 27.04.2010.


*Dams, J./ Eigendorf, J./ Schiltz, C.B.:* Der Bankrott der Griechen streift auch Deutschland, in: Die Welt-Online, (09.12.2009).

[http://www.welt.de/politik/Krise/article5479669/Der-Bankrott-der-Griechen-streift-auch-Deutschland.html], Abgerufen, 12.04.10.


*Der Spiegel (Hrsg.):* Gesenkte Kreditwürdigkeit, Rating-Riese verramscht Griechenland, in: Spiegel-Online, (27.04.2010).

[http://www.spiegel.de/wirtschaft/soziales/0,1518,691651,00.html], Abgerufen, 27.04.10.


*Der Spiegel (Hrsg.):* Druck der Finanzmärkte, Griechen könnten EU-Rettung noch im April anfordern, in: Spiegel-Online, (15.04.2010).

[http://www.spiegel.de/wirtschaft/unternehmen/0,1518,689234,00.html], Abgerufen, 15.04.2010.


*Dittmer, D.:* Bleiben oder nicht bleiben, pro und contra Griechenland, in: N-TV-Online, (04.03.2010).

[http://www.n-tv.de/wirtschaft/dossier/Pro-und-Contra-Griechenland-article759792.html], Abgerufen. 27.03.2010.

***Ettel, A./ Schiltz, C.:*** Krisenfeuerwehr, Europäischer Währungsfonds wird zum Zankapfel, in: Welt-Online, (09.03.2010).

[www.welt.de/wirtschaft/article6705791/europäischer-waehrungsfonds-wird-zum-zankapfel.html], Abgerufen, 26.03.2010.

***Euractiv-Online (Hrsg.):*** Europäischer Währungsfonds als Alternative zum IWF, in: Euractiv-online, (04.03.2010).

[http://www.euractiv.de/finanzplatz-europa/artikel/europaischer-wahrungsfonds-als-alternative-zum-iwf-002809], 26.03.2010.

***Europa-Direct (Hrsg.):*** [http://www.eu-direct.info/faq_detail.php?id_faq=38], Abgerufen, 30.04.2010.

***Focus-Online (Hrsg.):*** Griechenland muss Schulden schnell reduzieren, in: Focus-Online, (16.02.2010).

[http://www.focus.de/finanzen/news/euro/eu-finanzminister-griechenland-muss-schulden-schnell-reduzieren_aid_480843.html], Abgerufen, 01.03.2010.

***Höhler, G.:*** Griechenland droht die Schuldenfalle, in: Spiegel-Online, (28.01.2009).
[http://www.spiegel.de/wirtschaft/0,1518,603593,00.html], Abgerufen, 11.04.2010.

***Hank, R.:*** Hände weg vom EWF, in: Faz-Net, (14.03.2010).

[http://www.faz.net/s/Rub3ADB8A210E754E748F42960CC7349BDF/Doc~EA5104C89931B42ACA8DB7FA817684036~ATpl~Ecommon~Scontent.html], Abgerufen, 26.03.2010.

***Kazakos, P.:*** Stabilisierung ohne Reform, Konvergenz Pfadabhängigkeit im Griechenland der 90er Jahre, ZEI Diskussion Paper, 2000, C 66.

***Mechnich, M.:*** Interview mit Wolfgang Gerke, Rauswurf ist eine Alternative, in: N-TV-Online.
[http://www.n-tv.de/wirtschaft/dossier/Rauswurf-ist-eine-Alternativearticle731680.html], Abgerufen, 16.03.2010.

***Mechnich, M.:*** Interview mit Christian Apelt: Heilsame Effekte, in: N-TV-Online.

[www.n-tv.de/wirtschaft/dossier/heilsame-effekte-article708021.html], Abgerufen, 16.02.2010.

***Müller, S.:*** Bericht über Deals mit Griechenland: Geschönte Staatsfinanzen dank US-Banken, in: Tagesschau-Online, (15.02.2010).

[www.tagesschau.de/wirtschaft/wallstreetgriechenland100.html], Abgerufen, 16.02.2010.

***Neuhaus, N.:*** Die griechische Tragödie, in: N-TV-Online.
[www.nt-v.de/wirtschaft/dossier/die-griechische-tragoedie-article632591.html], Abgerufen, 14.03.2010.

***Otten, C.:*** Griechenland muss schulden reduzieren, in: Focus-Online, (29.04.2010).
[http://www.focus.de/politik/ausland/tid-18067/eu-lehre-1-die-eu-muss-schaerfer-kontrollieren-und-haerter-bestrafen_aid_503278.html], Abgerufen, 30.04.2010.

***Schultz, S.:*** Wege aus der Griechen-Krise, Aufpäppeln, umschulden, aussperren, in: Spiegel-Online, (27.04.2010).

[http://www.spiegel.de/wirtschaft/soziales/0,1518,691199,00.html], Abgerufen, 27.04.2010.


***Schultz, S.:*** Drohender Dominoeffekt: Portugal fürchtet den Panikmarkt, in: Spiegel-Online, (29.04.2010).

[http://www.spiegel.de/wirtschaft/soziales/0,1518,691877,00.html], Abgerufen, 30.04.2010.


***Schülbe, D.:*** Massenkauf von Kreditversicherungen: Banken wetten auf Griechenland-Pleite, in: RP-Online, (26.02.2010).

[www.rp-online.de/wirtschaft/news/banken-wetten-auf-griechenland-pleite_aid_825279.html], Abgerufen, 26.02.2010.